Dama Atılacak Diş
The Wibbly Wobbly Tooth

Written by David Mills
Illustrated by Julia Crouth

Turkish translation by Talin Altun

mantra

Pazartesi akşamı, saat yediyi iki dakika geçe Li'nin ilk dişi sallanmaya başladı.
Dişi tıngır mıngır diye sallanıyordu.

On Monday evening at two minutes past seven, Li got his first wobbly tooth.
And the tooth went...Wibble Wobble.

For the children of Richard Cobden Primary School, London
D.M.

Special thanks to Phillip Fong and his family,
and to the staff and children of Mason Avenue Kindergarten
J.C.

First published 2003 by Mantra
5 Alexandra Grove, London N12 8NU
www.mantralingua.com

Text copyright © 2003 David Mills
Illustrations copyright © 2003 Julia Crouth
Dual language copyright © 2003 Mantra

British Library Cataloguing in Publication Data:
a catalogue record for this book is available
from the British Library.

Salı günü bunu okuldaki herkese gösterdi.
Dişi tıngır mıngır diye sallanıyordu.

On Tuesday, he had to show everyone at school.
And the tooth went...Wibble Wobble.

Çarşamba günü öğle yemeğini yerken Li çok dikkatli olmalıydı.
Dişi tıngır mıngır diye sallanıyordu.

On Wednesday, he had to be careful eating his lunch.
And the tooth went...Wibble Wobble, Wibble Wobble.

Perşembe günü Li dişlerini fırçalarken yine çok dikkatli olmalıydı.
Dişi tıngır mıngır, tıngır mıngır, tıngır mıngır diye sallanıyordu.

On Thursday, Li had to be extremely careful brushing his teeth.
And the tooth went...Wibble Wobble, Wibble Wobble, Wibble.

Cuma günü, Li dişini içeriye dışarıya doğru sallayabiliyordu,

On Friday, Li wiggled his tooth in and out,

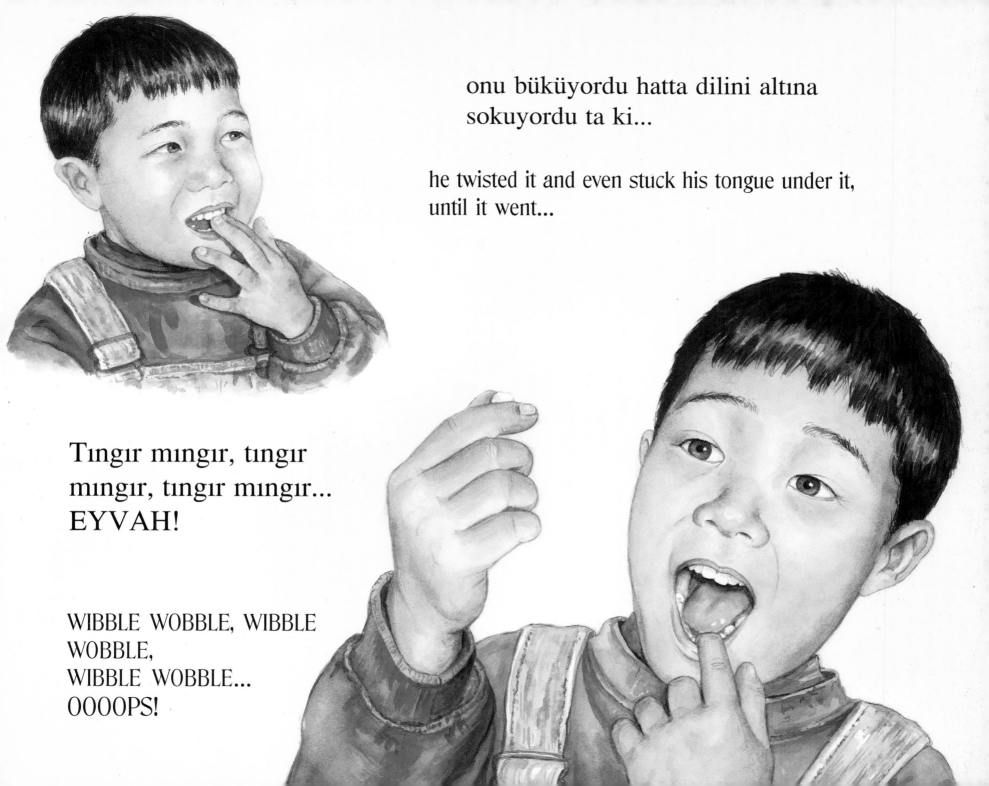

onu büküyordu hatta dilini altına sokuyordu ta ki...

he twisted it and even stuck his tongue under it, until it went...

Tıngır mıngır, tıngır mıngır, tıngır mıngır...
EYVAH!

WIBBLE WOBBLE, WIBBLE WOBBLE,
WIBBLE WOBBLE...
OOOOPS!

"HURRAY!" everyone cheered.
Li gave them a big smile and he felt very brave.

"OLEY!" diye sevindi herkes.
Li onlara kocaman gülücükler dağıtırken kendini çok cesur hissediyordu.

Eve gitme zamanı geldiğinde Li koşarak dişi babasına gösterdi.

When it was time to go home, Li rushed out to show his dad.

"Sonunda." dedi babası.
"Aferin sana!"

"At last," said Dad.
"Well done!"

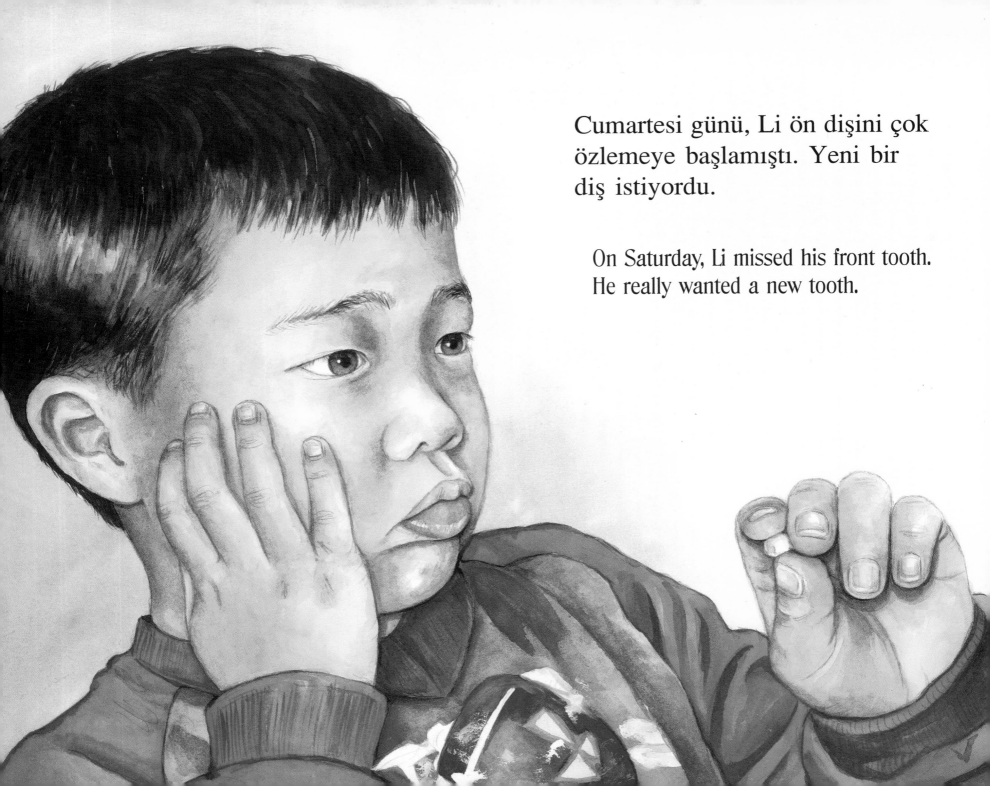

Cumartesi günü, Li ön dişini çok özlemeye başlamıştı. Yeni bir diş istiyordu.

On Saturday, Li missed his front tooth. He really wanted a new tooth.

"Hadi," dedi babası, "Büyükanneni ziyaret edelim. Ne yapılacağını o bilir."
Ve böylece Büyükanne'nin evine gittiler.

"Come on," said Dad, "let's go and see Grandma. She'll know just what to do."
So off they went to Grandma's.

"Bak!" dedi Li.

"Senin dişin düşmüş!" dedi Joey. "Yastığının altına koyarsan diş perisi sana para getirir!"

"Neden?" sordu Li.

"Yeni evini yapması için senin dişine ihtiyacı var çünkü!"

"Peki," dedi Li. "Gidip Büyükanneme söyliyim!"

"Look!" said Li.

"Hey, you've lost your tooth!" said Joey.

"If you put it under the pillow, the tooth fairy will come and bring you some money!"

"Why?" asked Li.

"She needs your tooth to build her new house!"

"Oh," said Li. "I'd better tell my Grandma!"

"Bak!" dedi Li.

"Aaaa!" dedi Kofi. "Ben kendi dişimi toprağa gömmüştüm ve sonra yenisi çıkmıştı!"

"Gerçekten mi? Bunu Büyükanneme söylemeliyim!"

"Look!" said Li.
"Oooooo!" said Kofi. "I hid mine in the ground and then my new one grew!"
"Did it really? I must tell my Grandma!"

"Bak!" dedi Li.

"Hey," dedi Salma. "Dişini nehre atarsan sana iyi şans getirir!"

"Öyle mi?" dedi Li. "Baba, ne yapmalıyım?"

"Büyükannen bilir," dedi Li'nin babası.

"Look!" said Li.

"Hey," said Salma. "You could throw your tooth into the river and it will bring you good luck!"

"It will?" said Li. "Dad, what shall I do?"

"Grandma knows," said Dad.

"Büyükanne, büyükanne, BAK!" dedi Li. "İlk dişim tıngır mıngır, tıngır mıngır diye sallandı ve çıktı."
"Peki, peki," diye gülümsedi Büyükanne. "Ben tam olarak ne yapmamız gerektiğini biliyorum! Dişini komşunun damına at ve kocaman bir dilek tut," diye fısıldadı.
"Tamam," diye bağırdı Li.

"Grandma, grandma, LOOK!" said Li. "My tooth went WIBBLE WOBBLE WIBBLE WOBBLE WIBBLE WOBBLE and OUT!"
"Well, well, well," smiled Grandma. "I know just what to do!" she whispered. "Throw it up onto a neighbour's roof and make a big wish,"
"OK," shouted Li and...

...ve dişini var gücüyle yukarı fırlattı!

...threw his tooth up with all his might!

Ertesi gün pazardı ve
hiçbir şey olmadı.

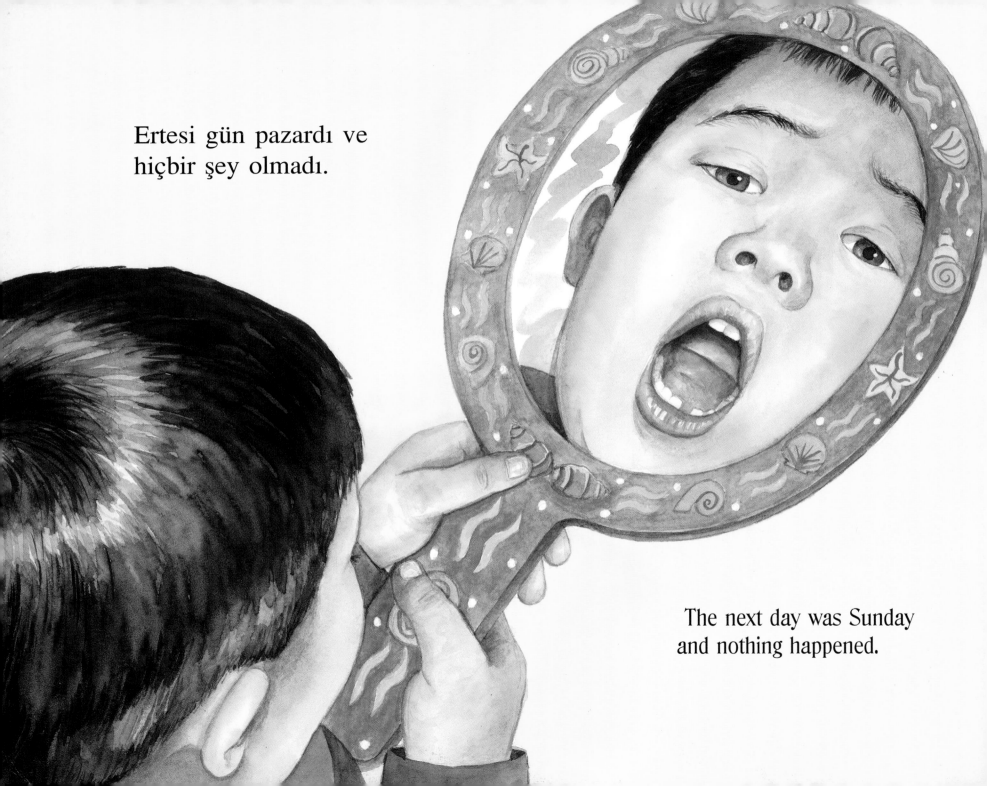

The next day was Sunday
and nothing happened.

Ama bir sonraki pazar sabahı, saat tam yediyi iki dakika geçe Li'nin dileği gerçekleşti.

But the next Sunday morning at two minutes past seven, Li's wish came true!

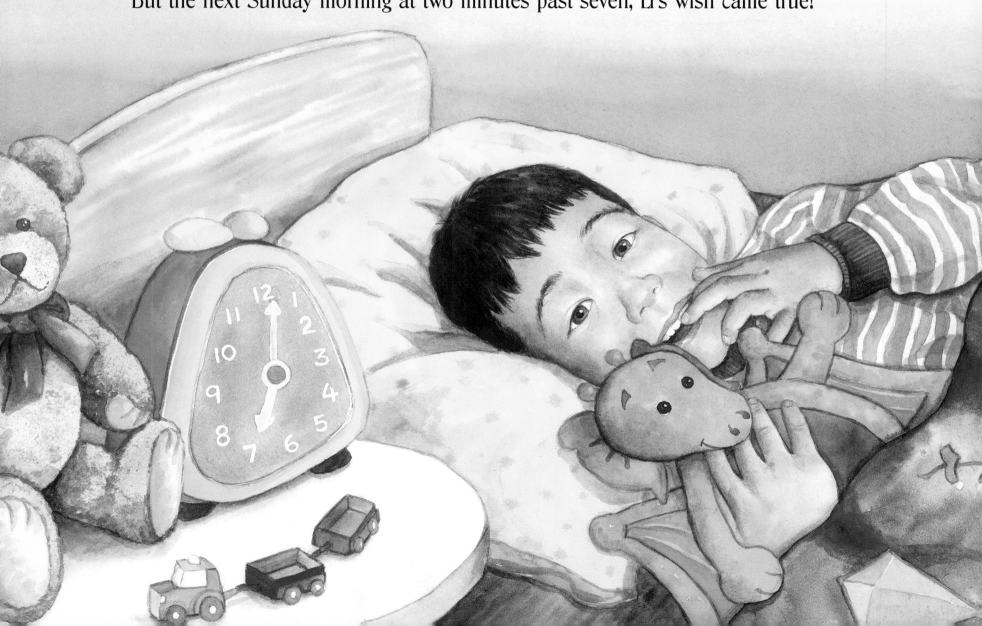

"Anne, baba. Bakın!" diye fısıldadı Li.

"Mum, Dad," whispered Li. "Look!"

TOOTHY QUESTIONS

1. Have you lost your first tooth yet?

2. What do we need our teeth for?

3. How do you take care of your teeth?

4. When did you last visit the dentist?

5. Which one of these is best for taking care of teeth?
   a. Eating chocolate
   b. Brushing your teeth twice a day
   c. Climbing a tree

6. In some parts of the world people use different things to clean their teeth. Can you guess which they use?
   a. Apples
   b. Tea leaves
   c. Twigs

7. Which of these animals have the biggest teeth?
   a. Rats
   b. Wolves
   c. Elephants

TOOTHY ANSWERS

2. We need our teeth for eating and talking. They also make us look good when we smile!

5. Brushing your teeth twice a day.

6. Twigs from the Neem tree which grows in South Asia. They fight bacteria, protecting both the teeth and gums. The Neem tree is well known for its medicinal uses.

7. Elephants. Did you know that the tusks of an African elephant can grow up to 3.5 meters!